MES PREMIERS 130+ MOTS

ENGLISH-FRENCH

by

Lenka K.Finch

LES ANIMAUX

ANIMALS /ˈænɪməlz/

penguin

le manchot /ˈpɛŋgwɪn/

l'ours

bear

/beə/

butterfly

le papillon /ˈbʌtəflaɪ/

le renard

fox

/fɒks/

le chat

cat

/kæt/

la vache

caw

/kaʊ/

le cheval

horse /hɔːs/

le mouton

sheep

/ʃiːp/

LES VÉHICULES

VEHICLES

/ˈviːɪklz/

la bicyclette

bicycle

/ˈbaɪsɪkl/

le train

train

/treɪn/

la voiture

car

/kaː/

l'avion

airplane

/ˈeəpleɪn/

le camion

truck

/trʌk/

le bus

bus

/bʌs/

le camion de pompier

fire truck

/ˈfaɪə trʌk/

le camion poubelle

garbage truck

/ˈgɑːbɪʤ trʌk/

LES COULEURS COLOURS /ˈkʌləz/

rouge

red

/rɛd/

bleu

blue

/bluː/

vert

green

/griːn/

jaune

yellow

/ˈjɛləʊ/

noir

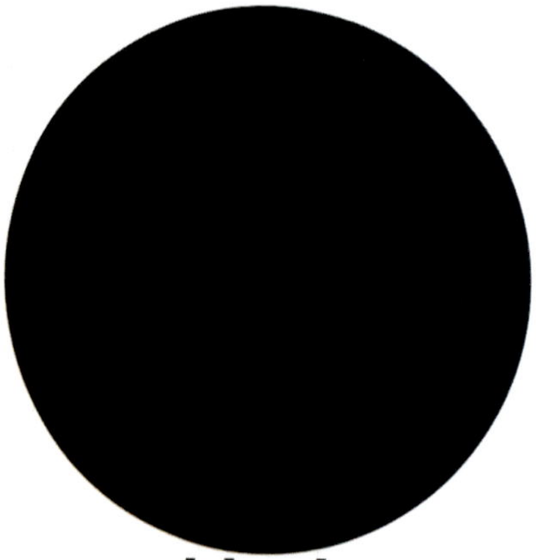

black

/blæk/

marron

brown

/braʊn/

rose
pink
/pɪŋk/
violet
purple
/ˈpɜːpl/
blanc
white
/waɪt/
orange
orange
/ˈɒrɪndʒ/
argent
silver
/ˈsɪlvə/
doré
golden
/oh-roh/

LES NOMBRES NUMBERS /ˈnʌmbəz/

un

one

/wʌn/

deux

two

/tuː/

trois

three

/θriː/

quatre

four

/fɔː/

cinq

five

/faɪv/

six

six

/sɪks/

sept

seven

/ˈsɛvn/

huit

eight

/eɪt/

neuf

nine

/naɪn/

dix

ten

/tɛn/

onze

eleven

/ɪˈlɛvn/

zéro

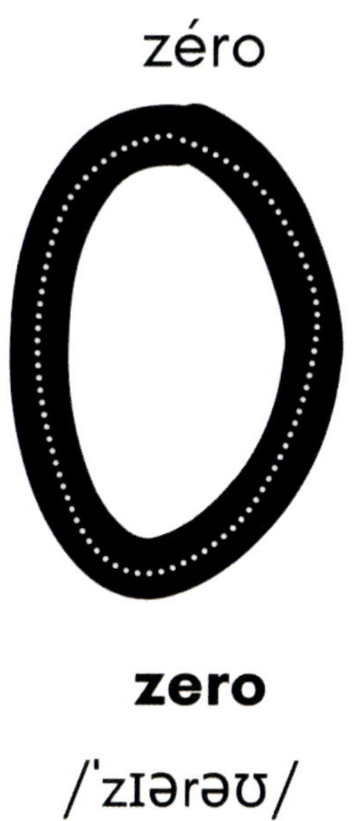

zero

/ˈzɪərəʊ/

la baignoire

bathtub

/ˈbɑːθtʌb/

le bateau

boat

/bəʊt/

la serviette

towel

/ˈtaʊəl/

le poisson

fish

/fɪʃ/

le canard de bain

(rubber) duck

/ˈrʌbə dʌk/

la brosse (à cheveux)

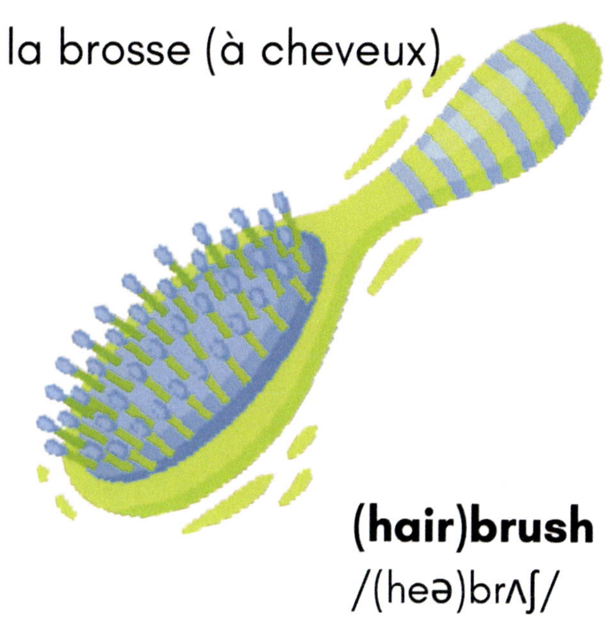

(hair)brush

/(heə)brʌʃ/

la toilette

toilet

/ˈtɔɪlɪt/

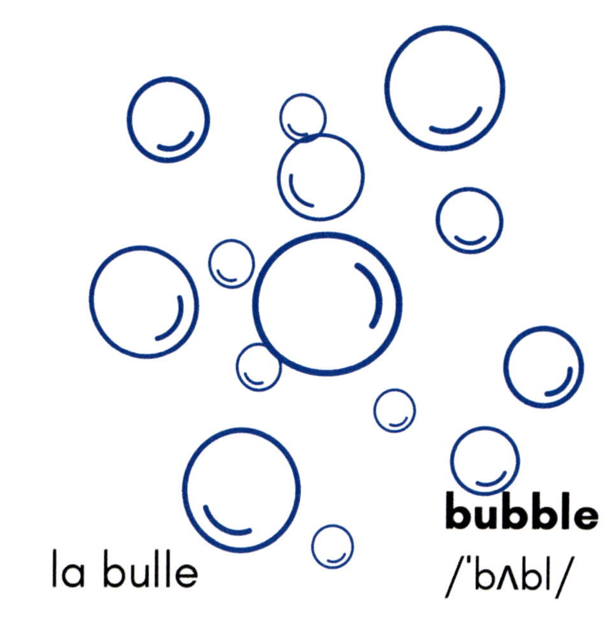

la bulle

bubble

/ˈbʌbl/

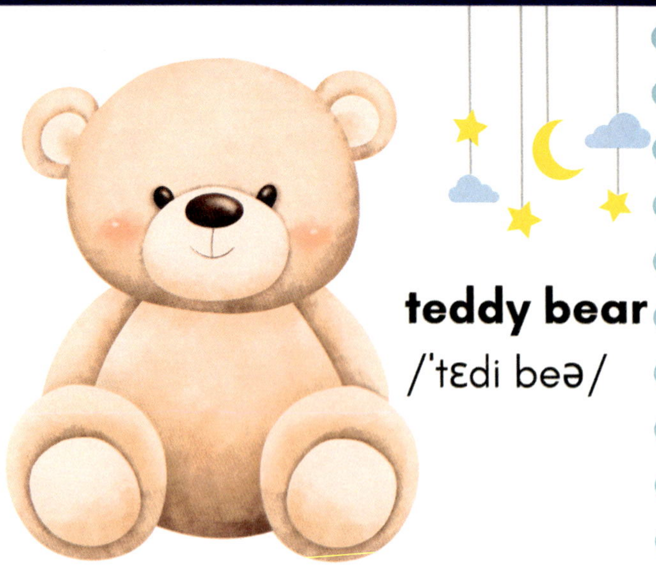

teddy bear
/'tɛdi beə/

l'ours en peluche

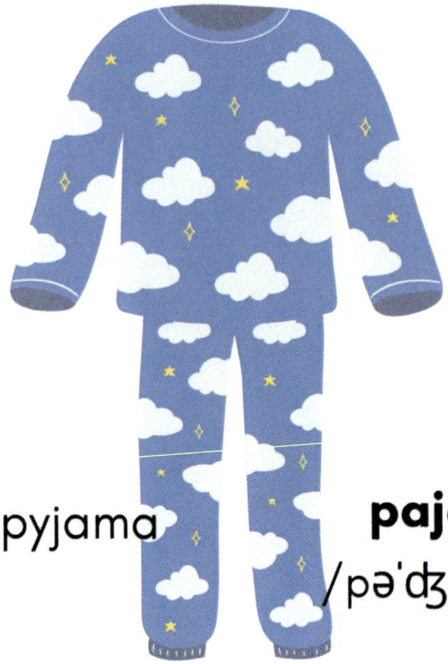

le pyjama

pajamas
/pə'ʤɑːməz/

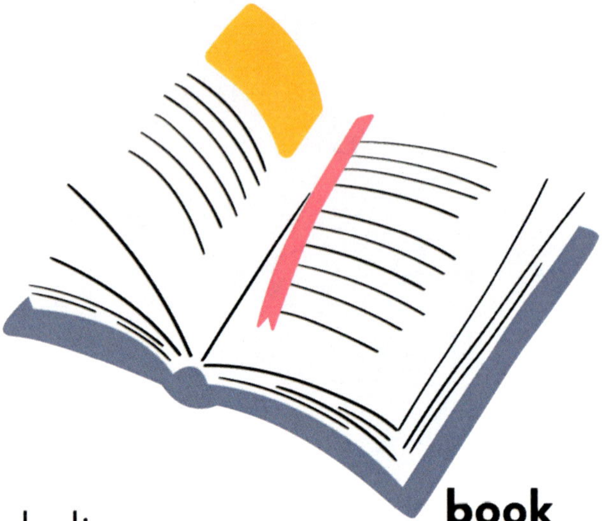

le livre

book
/bʊk/

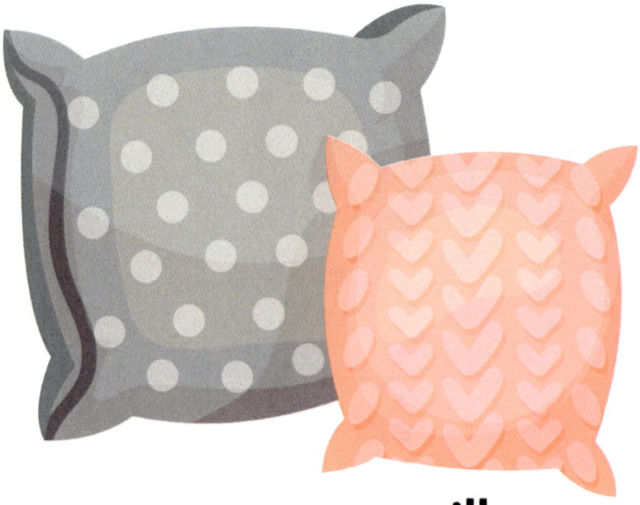

l'oreiller

pillow
/'pɪləʊ/

le lit

bed

/bɛd/

la lampe

lamp

/læmp/

la couverture

blanket

/ˈblæŋkɪt/

le lit crèche

crib

/krɪb/

l'orange

orange

/ˈɒrɪndʒ/

la pomme

apple

/ˈæpl/

la banane

banana

/bəˈnɑːnə/

la poire

pear

/peə/

la fraise

strawberry

/ˈstrɔːbəri/

la myrtille

blueberry

/ˈbluːbəri/

LES LÉGUMES - VEGETABLES /ˈvɛʤtəb(ə)lz/

la carotte

carrot

/ˈkærət/

la tomate

tomato

/təˈmɑːtəʊ/

le brocoli

broccoli

/ˈbrɒkəli/

la salade

lettuce

/ˈlɛtɪs/

le concombre

cucumber

/ˈkjuːkʌmbə/

le poivron

bell pepper

/bɛl ˈpɛpə/

le jus

juice

/ʤuːs/

l'eau

water

/ˈwɔːtə/

le lait

milk

/mɪlk/

le fromage

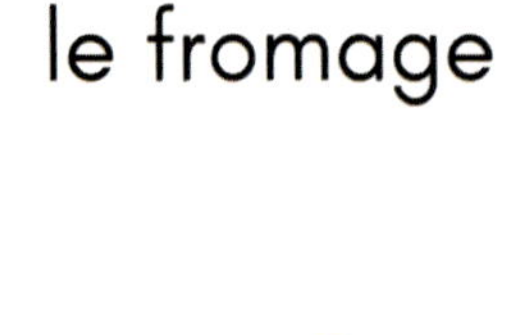

cheese

/ʧiːz/

la viande

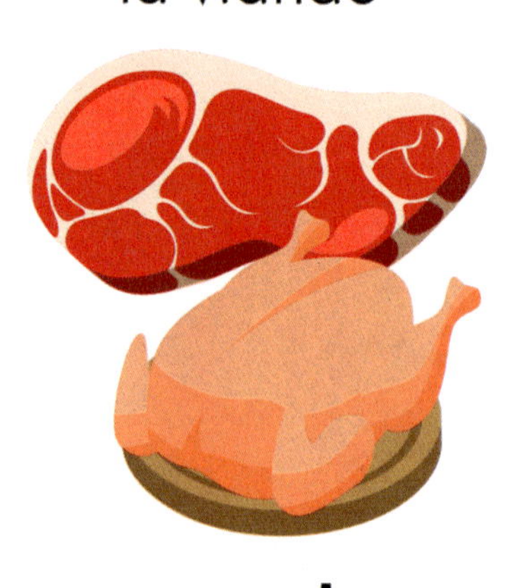

meat

/miːt/

les haricots

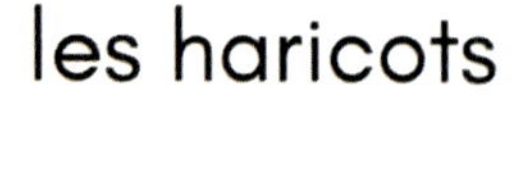

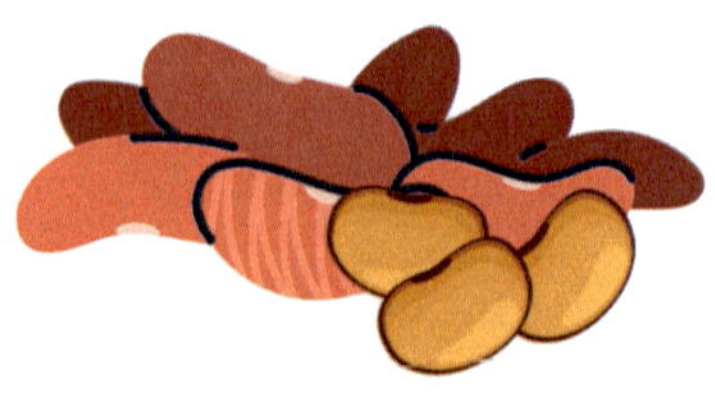

beans

/biːnz/

le pain

bread

/brɛd/

les pâtes

pasta

/ˈpæstə/

la pomme de terre

potato

/pəˈteɪtəʊ/

le riz

rice

/raɪs/

l'œuf

egg

/ɛg/

le poisson

fish

/fɪʃ/

le verre

glass

/glɑːs/

la chaise

chair

/ʧeə/

la cuillère

spoon

/spuːn/

la fourchette

fork

/fɔːk/

le couteau

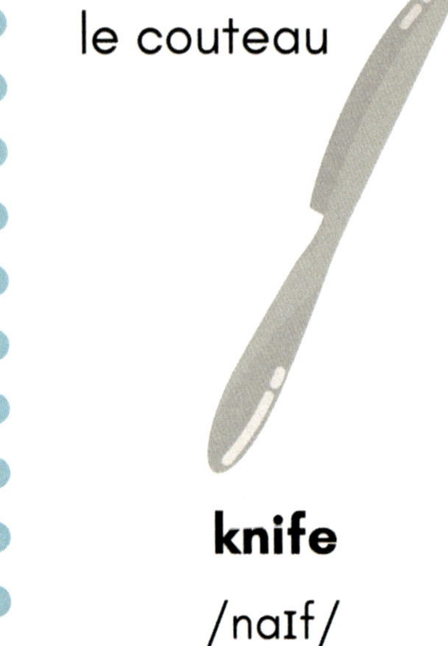

knife

/naɪf/

l'assiette

plate

/pleɪt/

le bavoir

bib

/bɪb/

boire

to drink

/tu drɪŋk/

la bouteille

bottle

/ˈbɒtl/

manger

to eat

/tu iːt/

le bol

bowl

/bəʊl/

la nappe

tablecloth

/ˈteɪbəlˌklɔθ/

la table

table

/ˈteɪbl/

le canapé

couch

/kaʊʧ/

la télé

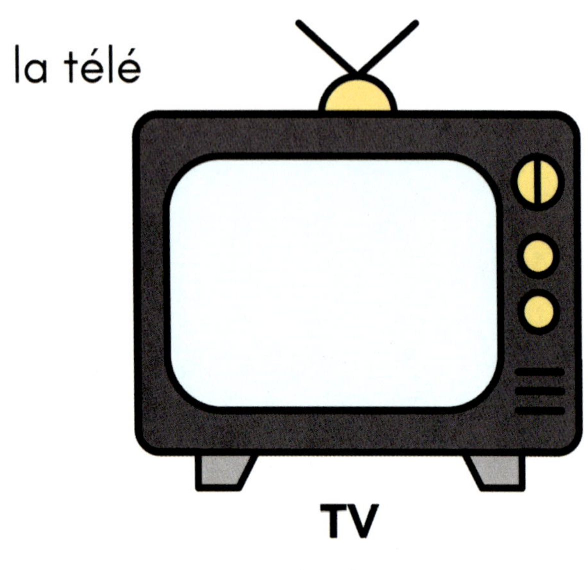

TV

/ˌtiːˈviː/

l'ordinateur

computer

/kəmˈpjuːtə/

les clés

keys

/kiːz/

la porte

door

/dɔː/

la fenêtre

window

/ˈwɪndəʊ/

l'horloge

clock

/klɒk/

l'arbre

tree

/triː/

la fleur

flower

/ˈflaʊə/

le soleil

sun

/sʌn/

le nuage

cloud

/klaʊd/

le lac

lake

/leɪk/

la pelouse

lawn

/lɔːn/

le ciel

sky

/skaɪ/

les étoiles

stars

/stɑːz/

le T-shirt **T-shirt** /ˈtiːʃɜːt/

la robe **dress** /drɛs/

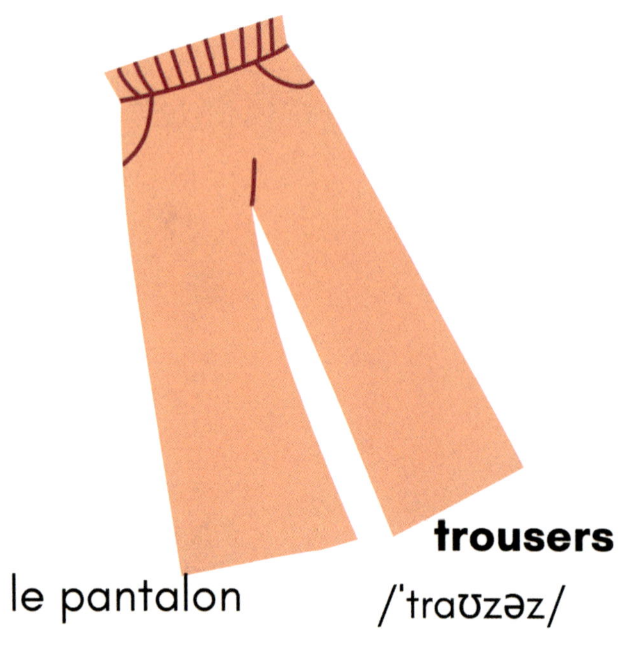

le pantalon **trousers** /ˈtraʊzəz/

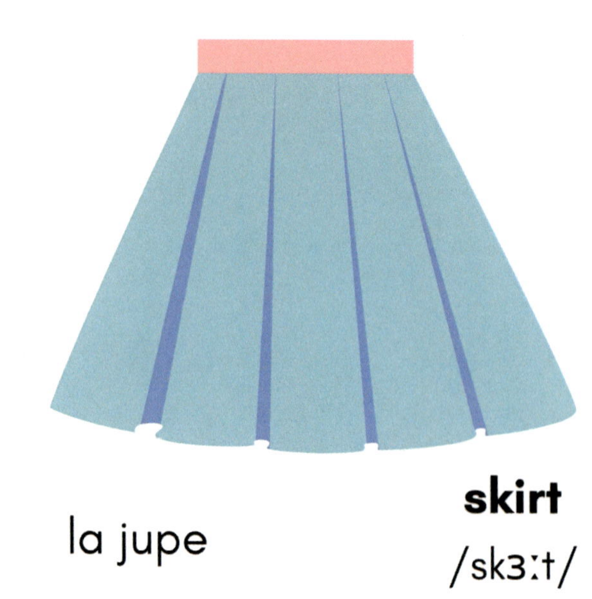

la jupe **skirt** /skɜːt/

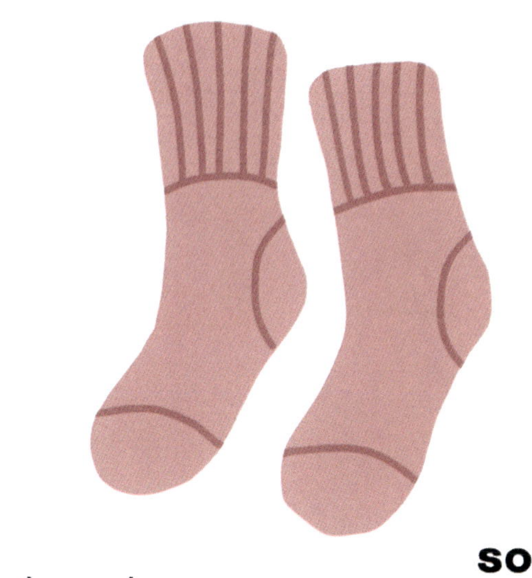

les chaussettes

socks

/sɒks/

les chaussures

shoes

/ʃuːz/

le chapeau

hat

/hæt/

la veste

jacket

/ˈdʒækɪt/

le garçon

boy

/bɔɪ/

la fille

girl

/gɜːl/

le bébé

baby

/ˈbeɪbi/

la maman

mom

/mɒm/

le papa

dad

/dæd/

la grand-mère

grandma

/ˈgrænmɑː/

le grand-père

grandpa

/ˈgrænpɑː/

le frère

brother

/ˈbrʌðə/

la soeur

sister

/ˈsɪstə/

la tante

aunt

/ɑːnt/

l'oncle

uncle

/ˈʌŋkl/

le cousin

cousin

/ˈkʌzn/

la cousine

le jeu

game
/geɪm/

la poupée

doll
/dɒl/

le ballon

ball
/bɔːl/

le cerf-volant

kite
/kaɪt/

le hochet bébé

rattle

/ˈrætl/

la maison de poupée

dollhouse

/dɒlhaʊs/

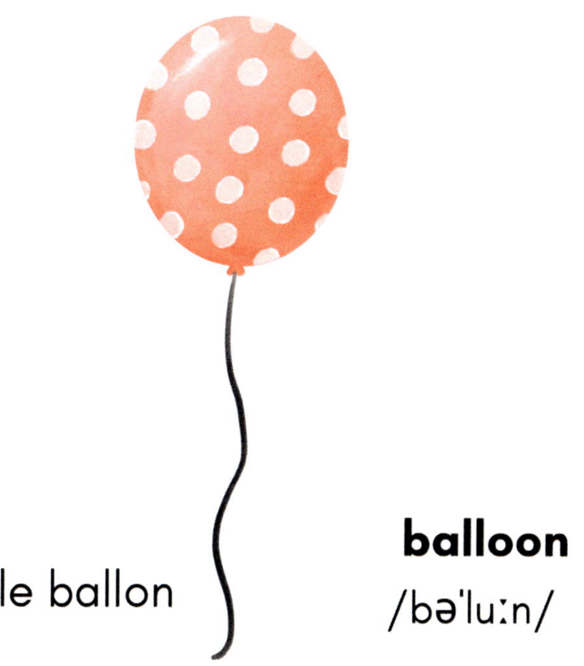

le ballon

balloon

/bəˈluːn/

le crayon

crayon

/ˈkreɪən/

Made in United States
Orlando, FL
05 December 2022